Género Ficción realista

Pregunta esencial
¿Cómo nos enriquecen las diferencias?

Las estaciones son amigas

Antonieta Villalba Zúñiga
ilustrado por Gervasio Benítez

Capítulo 1

Tina y yo

—¡Sí que somos diferentes! —decía Tina, mientras se reía a carcajadas cada vez que intercambiábamos las pinturas que hacíamos del paisaje o de lo que tuviéramos en frente.

A Tina le gustaba el helado de chocolate y a mí el helado de vainilla. Tina adoraba bailar y yo prefería leer. Así también era con las estaciones, Tina disfrutaba el calor del verano y ver los colores y las formas del otoño, y yo en cambio, prefería ver florecer los campos en la primavera y caminar por la nieve en el invierno. Pero, a pesar de esas diferencias siempre buscábamos la manera de compartir, aprendiendo la una de la otra.

Tina vivía con sus padres adoptivos en una casa de campo muy linda a pocos minutos de la ciudad. A mí me encantaba pasar los fines de semana allí, pues nos divertíamos corriendo por el campo todo el día. En las tardes, cuando regresábamos de jugar, su mamá nos preparaba unas ricas galletas de avena, cuya receta era herencia de su tatarabuela.

Mi historia de amistad con Tina comenzó cuando cursábamos quinto grado y teníamos aproximadamente 11 años. La señorita Guerrero nos había asignado una investigación sobre las actividades favoritas de las personas. Los resultados de esta investigación, los expondríamos el último día de clase.

Tan pronto la maestra dio las indicaciones, Tina y yo nos miramos con complicidad y decidimos hacer este trabajo en equipo.

—¿Cómo vamos a comenzar? —le pregunté.

—Mmm, ¡ya sé! —dijo Tina entusiasmada—. El otoño está por comenzar. Así que podemos investigar las actividades favoritas en el otoño. ¿Qué te parece?

Cuando escuché su propuesta me pareció interesante, pero… ¿por qué no incluir el invierno? ¡A Tina le encantaba el otoño y a mí el invierno! Aunque al rato dijo:

—¡Es genial! Investiguemos las actividades que las personas disfrutan durante el otoño y el invierno.

Nos pusimos de acuerdo y decidimos hacer una lista de preguntas en una encuesta. Fue fabuloso ver cómo pudimos unir nuestras opiniones y encontrar una manera para plantear las preguntas.

Estábamos felices porque todo iba muy bien. Solo nos faltaba definir qué lugares visitaríamos para poder reunir la información que apoyara nuestra investigación.

—Le podemos hacer la encuesta a nuestros papás, primos, tíos y abuelos —dijo Tina—. ¿Qué opinas?

—¡Fantástico! —respondí—. Así tendremos más opiniones para agregar a nuestro trabajo.

Empezamos a prepararnos consultando a nuestros papás acerca de los materiales que necesitábamos.

—Hay suficiente papel para reciclar en la biblioteca —dijo la mamá de Tina—. Si quieren, yo puedo ayudarles a cortar las hojas por la mitad, las respuestas ocupan solo media página.

—¡Claro! —dijimos en coro Tina y yo saltando de alegría.

—También necesitan varios lápices y algunas tablas para que los encuestados apoyen sus hojas para escribir —continuó.

Juntas logramos reunir en una caja lápices, colores, tijeras, recortes de revistas y otros materiales.

Con ayuda de nuestros papás logramos reunir todo el material que necesitábamos para cumplir con nuestro objetivo e iniciamos nuestra tarea. En compañía de nuestros papás, íbamos a parques cercanos los fines de semana para realizar la encuesta.

Saludábamos amistosamente a los niños que pasaban por ahí, o conversábamos con los adultos y con otras personas que paseaban a sus perros. Les explicábamos el motivo de la encuesta y todos la respondían amablemente.

Durante la jornada escolar, aprovechábamos la hora de descanso para hacer la encuesta a otros niños de diferentes cursos. Todos nos apoyaron para lograr nuestro objetivo, tanto que la señorita Guerrero estaba sorprendida con nuestro trabajo.

Cuando terminamos de hacer la encuesta, nuestros padres nos felicitaron y nos ayudaron a ordenar la información. Las dos estábamos muy agradecidas porque nos habían brindado su ayuda, y ellos se sentían muy orgullosos de nosotras. Habíamos desarrollado una idea que nos permitiría conocer lo que las personas hacían para divertirse en el otoño y el invierno.

Esta experiencia nos ayudaría a reconocer las diferencias y semejanzas entre las personas, respetando la diversidad de gustos, intereses y formas de actuar.

Estábamos ansiosas por saber las respuestas de las personas, ¿qué opiniones tendrían?, ¿serían muy diferentes?, ¿podría la gente divertirse en las dos estaciones más frías del año? ¡No podíamos esperar más!

Capítulo 2

El otoño y el invierno se parecen

Las actividades que propusieron nuestros amigos, familiares y otras personas nos hicieron ver que los seres humanos somos diferentes y que podemos ser muy creativos.

Cuando estábamos leyendo las encuestas, Tina tuvo una idea:

—¿Qué te parece si elegimos las dos actividades que nos parezcan más entretenidas y las hacemos? —propuso Tina.

—¡Muy buena idea! —dije—. Podríamos escribir un artículo para el periódico de la escuela, en el que recomendemos las mejores actividades durante el otoño y el invierno.

—¡Perfecto! —exclamó Tina—. ¡Ja, ja, ja! Te has fijado que aunque somos muy diferentes, ¿hacemos un buen equipo?

Yo le sonreí. Sí, éramos muy diferentes: mientras que Tina era alegre y expresiva, yo era un poco más callada y tímida. Cada una aportaba ideas para el trabajo, Tina era la más creativa, yo la más práctica. Y así, nuestras diferencias nos enriquecían.

Entonces escogimos las dos opciones que más nos llamaron la atención, recuerdo mucho que a Tina le gustó lo que escribió su prima Karen.

Ella anotó que durante el otoño le agradaba recoger hojas secas de diversas formas, para luego pintarlas y hacer pequeñas obras de arte.

A mí me interesó lo que expuso mi amigo Gustavo, quien afirmaba que en invierno le gustaba hacer animales de nieve y adornarlos con ropa que ya no usaba.

Una tarde, Tina y yo invitamos a Karen y a Gustavo a compartir sus experiencias con nosotras. Queríamos saber con detalle cómo hacían sus actividades favoritas. Mientras tomábamos leche con galletas de avena resolvieron nuestras dudas. Las dos escribíamos en una libreta lo que nos contaban Karen y Gustavo para poder recordarlo después.

—Primero, me fijo en las formas de las hojas para no recoger siempre las mismas, y cuando he reunido bastantes las guardo en una bolsa de papel para no estropearlas. ¡Ah!, como siempre voy con alguno de mis padres, ellos me ayudan a reunir muchas hojas —nos contó Karen.

—Y después, ¿qué haces con las hojas que recoges? —quiso saber Tina.

—Las guardo dentro de un libro por dos días, cada una en una página; de esta forma quedan muy lisas y planas. Cuando están listas, tomo mi pincel y unas témperas para decorarlas con diferentes tonos. Finalmente, las dejo secar y las pego en una hoja de colores. El resultado es una bella tarjeta —explicó—. También he hecho móviles para colgar en mi cuarto, ¡quedan fabulosos!

Karen terminó su relato con una sonrisa. Luego siguió el turno de Gustavo, después de comerse una galleta, se limpió los labios y comentó:

—En el invierno es maravilloso salir y jugar en la nieve, aunque debemos estar bien abrigados para poder disfrutar cada momento sin pensar en el frío —comentó Gustavo—. Mis amigos y yo hacemos diferentes animales de nieve con la ayuda de algunas herramientas especiales para niños, que nos facilitan el trabajo. Luego, cada uno lleva ropa que ya no usa y los vestimos. ¡No se imaginan lo divertido que es!

También escribimos en nuestra libreta lo que nos contó Gustavo, seguimos hablando por un rato y después nuestros invitados se fueron.

El encuentro con Karen y Gustavo fue tan especial, que hasta pensamos en invitar a todas las personas encuestadas, pero fue imposible, ¡eran demasiadas!

Al día siguiente, pusimos en la mesa del comedor todas las encuestas que habíamos realizado. Las organizamos y volvimos a leer aquellas que nos parecían más interesantes. De pronto, le dije a Tina:

—Escucha, esta nota dice lo siguiente: "Hola, soy Nicolás. En el otoño lo que más me gusta hacer es sentarme en un parque y dibujar un hermoso paisaje con los carboncillos que heredé de mi abuela".

Y más adelante dice: "Me agrada delinear la forma de las montañas y de los árboles sin hojas ni flores"

—¡Qué bonito! —dijo Tina mientras ojeaba otra encuesta.

—Mira, Tina, esta respuesta es muy simpática: "Hola. Mi nombre es Antonia. Me encanta el invierno y cuando llega esta época le digo a mamá que invite a mis primos a la casa. Cuando estamos reunidos, preparamos un delicioso pastel que comemos con una taza de chocolate caliente. En la noche subimos a mi cuarto y miramos por la ventana para ver cómo los copos de nieve van cayendo hasta cubrirlo todo. ¡Es mágico! Luego contamos cuentos hasta quedarnos dormidos". Es hermoso, ¿no te parece? —pregunté.

—Claro que sí, amiga —respondió Tina—. Esta investigación nos ha dado ideas geniales para hacerlas en el invierno. Si quieres te invito a que te quedes una noche de invierno en mi casa, tomamos una taza de chocolate caliente, mientras vemos por la ventana cómo cae la nieve.

—Le pediré permiso a mis papás, ¡me encanta la idea!

Yo sabía que después de todo esto había ganado una muy buena amiga. ¡Me sentía muy feliz!

Detective del lenguaje	**El verbo subrayado está en pretérito. Busca otros verbos en pretérito en esta página.**

Capítulo 3

Las pequeñas escritoras

Cuando llegó el otoño, Tina y yo hicimos varias de las actividades que encontramos en las encuestas, fueron experiencias realmente fascinantes. Sin embargo, la que más disfrutamos fue la que propuso Karen. Un sábado en la mañana salimos a pasear por un lugar donde había muchos árboles; nuestros abuelos nos acompañaron.

Recolectamos varias hojas secas de formas diversas y las llevamos a casa. Cada una creó una obra de arte con las hojas y elaboró una linda tarjeta.

—Le voy a regalar la tarjeta a mi tío Daniel, porque en dos días es su cumpleaños —me dijo Tina cuando hablé por teléfono con ella.

—¿Sabes? Yo se la voy a dar a la señorita Guerrero, estuvo enferma con gripe —respondí.

El tío Daniel y la maestra quedaron encantados con las tarjetas, pues les parecieron muy originales. El tío Daniel en agradecimiento le regaló a Tina un muñequito hecho con cáscara de naranja, quería seguir con la cadena de regalos originales. La maestra, por su parte, tuvo en cuenta esta idea para hacerla en clase.

Al llegar el invierno, quisimos hacer algunos animales con nieve, como lo hacía Gustavo. Conseguimos prendas de vestir usadas y se las pusimos a los animales. Él tenía razón: ¡fue muy divertido! Es más, nuestros papás nos tomaron varias fotografías junto a nuestras esculturas.

Al finalizar el invierno, nos dimos cuenta de que ya teníamos suficiente material para incluir en el artículo que íbamos a escribir para el periódico escolar. Lo íbamos a titular: "El otoño y el invierno se parecen".

En el artículo relatamos nuestras experiencias durante el otoño y el invierno. Describimos detalladamente las que más nos llamaron la atención, para que otros niños pudieran practicarlas y se divirtieran tanto como nosotras.

Un día, mientras revisábamos el texto finalizado, le dije a Tina:

—Fue fantástico pasar tiempo juntas haciendo esta investigación. Aunque era un trabajo para la escuela, ¡fue muy divertido hacerlo!

—¡Nuestras diferencias nos pueden unir! —dije dándole un fuerte abrazo.

—Tienes razón. Y quiero decirte que aprendí mucho de ti. Somos muy diferentes, pero aprendimos juntas.

Nos abrazamos y fuimos en el auto de mi papá hasta la escuela, donde nos esperaba la maestra.

Detective del lenguaje	**El verbo subrayado está en infinitivo. Busca otros verbos en infinitivo en esta página.**

El último día de clases, todos debíamos exponer los resultados de nuestra investigación. Tina y yo, además leeríamos nuestro artículo.

Después de que todos nuestros compañeros expusieron, seguimos nosotras. Estábamos un poco nerviosas, pero nos fue muy bien, y a la maestra le pareció interesante nuestro artículo.

—Niñas, este mes el periódico escolar se va a publicar en otras ciudades. Así que muchos más niños podrán leerlo —nos dijo la maestra.

—¡Genial! Entonces podríamos incluir en el periódico la dirección de nuestra escuela para que manden sus opiniones por correo, así podremos comunicarnos con ellos. ¡Nuestros compañeros también podrían participar! ¿Qué les parece? —propuso Tina.

—Me parece una gran idea. Sería muy divertido que los niños pudieran escribirles y contarles sobre sus actividades durante estas épocas del año —respondió la maestra—. Además, es una buena oportunidad para conocer la diversidad cultural de otros lugares. Los niños les pueden escribir sobre sus costumbres.

Al finalizar la clase, la maestra nos dijo que la semana siguiente publicarían nuestro artículo y que con seguridad sería todo un éxito.

Los niños de la escuela leyeron el reportaje y conseguimos crear un grupo que se llamó "Amigos de las estaciones". Nos reuníamos de vez en cuando para conversar sobre nuestras experiencias en esas épocas del año.

Propusimos incluir las demás estaciones, el verano y la primavera, como temas de conversación. ¡Qué divertido! Siempre conversábamos por largo rato.

Cada una de las cuatro estaciones del año: primavera, verano, otoño e invierno son diferentes, pero en todas podemos encontrar algo divertido para hacer.

Un tiempo después, recibimos un mensaje muy especial en nuestros correos electrónicos que decía:

"¡Hola! Nuestros nombres son Alex y Pedro. Somos gemelos idénticos y leímos gustosamente su artículo. Hemos aprendido muchas cosas, ya que nosotros a veces peleábamos por nuestras diferencias. A Pedro le gustaba una cosa y a mí, otra. Pero hemos comprendido que eso no está mal y que, por el contrario, es algo natural, porque aunque somos gemelos, somos distintos.

Ahora sabemos que lo más importante es respetar nuestras diferencias. Además, tenemos intereses comunes; por ejemplo, a ambos nos gustan los animales, el arte y la música. En primavera, Pedro me sugirió que fuéramos al parque y pintáramos un paisaje con flores, personas y animales. Muchas gracias por su entretenido artículo. ¡Adiós!".

Detective del lenguaje | **¿Cuál es la función de la coma en la frase subrayada?**

—¡Qué bien! ¡El artículo ha provocado reacciones positivas sobre las diferencias! —señaló Tina.

Entonces nos reímos a carcajadas por un buen rato pensando en los buenos resultados que habíamos obtenido.

En la actualidad, yo vivo en otro país y cuando llega el otoño todavía recojo algunas hojas secas en compañía de mis hijos. Con estas, hacemos lindas tarjetas que obsequiamos a familiares y amigos. A veces, escribimos en la parte superior de la tarjeta: "¡Gracias por ser diferente y por dejarme aprender de ti!".

Respuesta a la lectura

Resumir

Usa los detalles más importantes de *Las estaciones son amigas* para resumir el cuento. Puedes usar el organizador gráfico como ayuda.

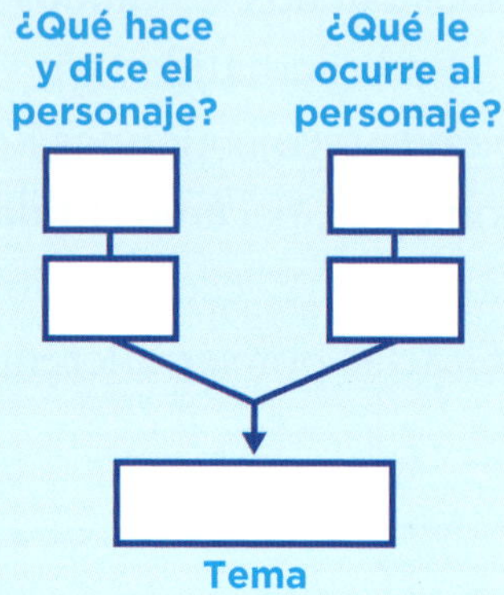

Evidencia en el texto

1. ¿Cómo sabes que *Las estaciones son amigas* es ficción realista? Identifica tres características del cuento que te permitan determinarlo. **GÉNERO**

2. Tina prefería el otoño y su amiga el invierno, ¿de qué manera lograron conciliar esta diferencia? ¿Cómo se muestra el mensaje de la autora? **TEMA**

3. ¿Cuál es el significado de la palabra *encuesta* en la página 5? Usa las relaciones de causa y efecto en esa página como ayuda. **CAUSA Y EFECTO**

4. Según la autora, a Tina le agradaba el otoño y a su amiga, el invierno. Escribe cómo esta diferencia expresa el tema del relato. **ESCRIBIR SOBRE LA LECTURA**

Género Texto expositivo

Compara los textos

Lee acerca de los escandinavos en Minnesota.

El estado escandinavo

El estado de Minnesota fue colonizado inicialmente por el pueblo lakota, su nombre proviene de la palabra *lakota* que significa "agua del color del cielo".

La mayoría de los primeros europeos que se establecieron en Minnesota fueron escandinavos. Estas personas son originarias de Suecia, Noruega, Finlandia, Islandia y Dinamarca, países que están ubicados al norte de Europa.

Deportes acuáticos

Minnesota es famoso por ser un gran lugar para los deportes acuáticos. De hecho, el esquí acuático se inventó en este estado. No es de extrañar que a mucha gente del lugar le guste el agua. Después de todo, ¡en Minnesota hay más de 10,000 lagos!

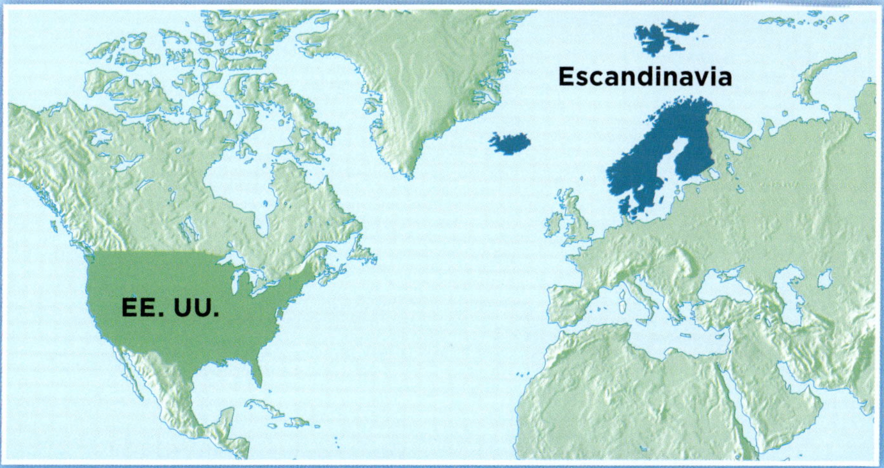

Comida tradicional

En la actualidad, algunos de los platos que se consumen en Minnesota provienen de la tierra natal de los colonizadores escandinavos. *Lefse* y *lutefisk* son dos ejemplos de este tipo de comida.

Lefse es un tipo de pan plano noruego que, a menudo, se prepara con puré de papa, se come como postre, con mantequilla y azúcar.

Lefse (derecha) y *lutefisk* (abajo) son platos tradicionales escandinavos.

Lutefisk es otra especialidad de Minnesota originaria de Noruega. Es un pescado seco, remojado en agua y un producto llamado salmuera, que se cocina hasta que queda gelatinoso. Se suele comer con mantequilla. Muchos estadounidenses de origen escandinavo comen este plato en el Día de Acción de Gracias y Navidad.

Los vikingos

Los vikingos eran originarios de Escandinavia, eran buenos navegantes y se establecieron en diversos países alrededor de Europa, durante el período comprendido entre el año 800 hasta el 1000 d. C. De hecho, algunas personas piensan que alrededor del año 1000 d. C., un vikingo llamado Leif Eriksson fue el primer europeo en llegar a América del Norte.

Sin embargo, los escandinavos que colonizaron Minnesota no eran vikingos. Se establecieron en Estados Unidos a finales del siglo XIX y trajeron consigo muchos aspectos de su cultura.

Syttende Mai

Debido a su patrimonio escandinavo, los habitantes de Minnesota celebran el *Syttende Mai,* que significa "diecisiete de mayo". Ese día en 1814, Noruega se convirtió en un país independiente y dejó de ser gobernado por Suecia.

Esta celebración generalmente cuenta con un desfile, bailes, comida, arte y música. Incluso, un pueblo elige a un hombre del lugar como Rey de los gnomos.

Haz conexiones

¿Por qué Minnesota se conoce como el estado escandinavo? **PREGUNTA ESENCIAL**

Después de leer *Las estaciones son amigas* y *El estado escandinavo,* ¿que conclusiones sacas acerca de las diferencias culturales y particulares? **EL TEXTO Y OTROS TEXTOS**

Enfoque:

Elementos literarios

Diálogo Los autores utilizan el diálogo para mostrar a los lectores lo que dicen los personajes. El diálogo puede ayudar a desarrollar la trama a lo largo del relato y a mostrar la acción. Las tiras cómicas son un ejemplo de cómo se puede contar un relato usando únicamente diálogos e ilustraciones.

Lee y descubre En este fragmento de diálogo en la página 4, el autor nos cuenta lo que dicen los personajes y lo que están haciendo.

> —Hay suficiente papel para reciclar en la biblioteca —dijo la mamá de Tina—. Si quieren, yo puedo ayudarles a cortar las hojas por la mitad, las respuestas ocupan solo media página.
>
> —¡Claro! —dijimos en coro Tina y yo saltando de alegría.

Tu turno

Ahora convierte este u otro fragmento de diálogo en una tira cómica. Usa dibujos y las palabras que dicen los personajes. Luego, escoge una sección que no tenga diálogo. Muestra la acción por medio de dibujos y crea tu propio diálogo para los personajes. Muestra tu tira cómica al resto de la clase.